LE LANGAGE

DE

LA SAINE RAISON,

CONTRE

LE PRESTIGE DE L'ILLUSION

ET

LE FUNESTE EMPIRE DES PASSIONS.

La vérité,
La vérité toute entière ;
Rien que la vérité.

LE peuple français, qui devrait ne faire qu'un seul et même peuple de frères, sous un Roi paternel, se trouve néanmoins aujourd'hui dans une division, dans une agitation, et dans une effervescence d'autant plus effrayante, qu'il est impossible d'en calculer les effets pernicieux pour l'avenir.

Le calme succède ordinairement à l'orage, et cependant, après la plus horrible des tempêtes qui, d'affreuse mémoire, a ravagé et épouvanté la terre, et dont l'origine et les premiers éclats remontent à près de quarante ans, nous sommes sans espérance prochaine de jouir du calme.

A la vérité, il fut un temps où une aurore lumineuse et pure semblait annoncer un beau jour.

Le retour de notre bon Roi sur son trône, le rétablissement de la légitimité, une précieuse restauration, tout semblait concourir à nous donner la flatteuse espérance de jouir désormais d'une union durable avec nos frères, et de partager avec eux le bonheur dont les hommes peuvent jouir sur la terre, à l'ombre de l'olivier de la paix.

Mais, hélas! notre bonne foi et nos espérances ont été cruellement trompées ; les ennemis jurés de l'ordre et de la tranquillité publique, sous une figure composée, n'ont cessé de rêver sur les moyens de tout détruire, et de ramener sur nos têtes des maux et des malheurs dont la disparition n'avait cessé d'exciter leurs regrets.

Que de tentatives criminelles n'ont-ils pas faites? le tableau en serait aussi douloureux à dérouler, que le calcul en serait difficile à faire.

Combien de concessions funestes, surprises jusqu'ici par eux, d'un gouvernement qu'ils ont intimidé par leur audace, et qui a usé, en leur faveur, d'une complaisance qu'il ne peut manquer de se reprocher un jour!

Quel est l'homme impartial, quel est l'homme

(5)

éclairé qui, dans le silence des passions, peut se tromper sur le jugement à porter sur tout ce qui se passe autour de nous, sur toutes les paroles qui s'échappent du comité secret, et sur la profusion des écrits?

Aujourd'hui même le mal se manifeste avec des symptômes encore plus alarmans que jamais, au point que le terme n'est peut-être pas éloigné, où nous éprouverons une crise d'autant plus affreuse, qu'elle sera sans remède si l'on continue de dormir sur le danger.

Nos frères, nos propres frères, se sont constitués en guerre ouverte contre nous; mais les motifs de cette affreuse guerre ne sont pas équivoques; cependant, de notre côté, nous ne faisons de vœux que pour la paix et l'union, le repos et la tranquillité publics.

Il n'est que trop vrai que, malgré nos vœux bien connus, le but de nos frères n'est que de nous replonger dans le gouffre affreux dans lequel nous avons cru pendant un certain temps ne rentrer jamais.

Ils détestent notre sainte religion, ils veulent la détruire et l'anéantir. Ils ont commencé par se déchaîner sans ménagement contre tout ce qu'il y a de plus auguste et de plus respectable parmi tous les ministres de nos autels....; la calomnie, le mensonge et l'imposture ont été prodigués contre eux.....; il les ont abreuvés d'amertume.....; ils les ont rassasiés d'opprobres et d'outrages.....; ils ont attenté à la vie de plusieurs d'entre eux, jusque dans le milieu des rues.

Ils se sont élancés dans nos temples, ils les ont profanés.....; ils y ont troublé l'exercice paisible du culte par des vociférations dégoûtantes et scandaleuses.

Notre antique monarchie, nos augustes souverains, ne sont pas moins le douloureux objet de leur attaque.

Comment ont-ils répondu à toute la tendresse paternelle que leur a prodiguée, à son retour au trône, le bon Roi que nos regrets ont suivi au tombeau?

Son infortuné frère, le Roi-Martyr, que des scélérats ont traîné du trône à l'échafaud, a pardonné à ses bourreaux.... Il a plus fait, il a prié pour eux.

Eh bien! son auguste successeur, à son exemple, a porté la grandeur d'âme jusqu'à vouloir tout oublier.

Comment nos frères ont-ils répondu à des sacrifices aussi généreux et aussi religieux?

Comment ont-ils répondu à toutes les gracieuses mais trop faciles concessions qui en ont été la suite?

Hélas! ils y ont répondu par la plus noire ingratitude;

Ils y ont répondu par des conspirations concertées dans le secret, notamment par celle connue sous le nom de *Berton;*

(5)

Ils·y ont répondu par la déplorable catas-
trophe du 20 mars, qui a désolé et ruiné la
France ;

Ils y ont répondu par le plus horrible des
attentats, par le poignard qui a été plongé
dans le sein d'un Prince adoré...., d'un Prince
qui, à cette époque fatale, était le seul espoir
de la nation, sous le rapport de la progéniture.

Mais la divine Providence a déjoué le com-
plot infernal des provocateurs à l'assassinat....
Par un coup de la grâce, que nous ne pouvons
regarder que comme un vrai miracle, nous
avons vu renaître cet auguste Prince dans
la personne de son précieux fils qui nous a été
donné pour la consolation de la France, mais
surtout pour porter quelque adoucissement
au trop juste chagrin d'une épouse éplorée.

Par suite de cet inappréciable bienfait, et
au milieu de tous les désordres, la divine Providence, attentive à nos besoins, nous avait
favorisés successivement, en plusieurs années,
de huit précieux établissemens religieux, dis-
séminés sur différens points de la France.

Leur grand objet, dans le plus grand intérêt
de la France catholique, était de régénérer l'espèce humaine, et de détruire, dans les générations futures, les vices de la génération qui
a passé ou qui passe.

L'éducation toute chrétienne et toute monarchique que donnaient ces respectables so-

litaires, la considération qu'ils excitaient par l'appel qu'en avaient fait nosseigneurs les évêques, par la surveillance qu'ils y exerçaient, tout servait à fortifier nos espérances ; d'autre part, la grande affluence des élèves que les familles honnêtes s'empressaient de venir leur confier, de loin comme de près, était le plus sûr témoignage que leurs peines et leurs travaux étaient couronnés du plus heureux succès.

Ce précieux genre d'éducation était trop dans les grands intérêts de la religion et de la monarchie, pour que nos frères n'en fussent pas contrariés dans leurs vues destructives.

Les deux sectes de la fausse philosophie et du jansénisme se sont réunies à eux, et tous ensemble ont exhalé leur rage contre ces saints solitaires et contre leurs établissemens.

Les premiers, par leur attitude menaçante, ont dominé le pouvoir, ils l'ont intimidé... ; ils sont parvenus à surprendre de sa complaisance les deux fatales ordonnances du 16 juin dernier.

Ces huit précieux établissemens qui devaient naturellement se propager, ont été frappés de mort, et ces saints solitaires ont été proscrits, et livrés à la raillerie et aux sarcasmes de leurs cruels ennemis.

Nous protestons ici, à la face du ciel et de la terre, que quels que soient les détails dans lesquels nous nous trouvons engagés par la matière que nous traitons; nous n'en sommes pas moins pénétrés de respect, et d'une parfaite soumission pour tous les actes qui portent l'empreinte de notre bon Roi, tant qu'ils subsistent.

Quel jugement a-t-on dû porter sur cette mesure du pouvoir, quand on a vu, d'un côté, nos propres frères tressaillir d'une joie immodérée; tandis que, d'autre part, tous les fidèles sujets, amis de leur Dieu et de leur Roi, ont été plongés dans la consternation? quand on a entendu les cris lamentables de tous les pères; de toutes les mères et des élèves? enfin, quand les ministres de nos autels et la généralité de l'épiscopat ont fait entendre leurs douloureuses réclamations....? Mais tout a été en pure perte contre un certain ordre légal auquel on ne s'attendait pas.

Ce déplorable succès n'a fait qu'enhardir de plus en plus nos frères (on devait s'y attendre); ils ont élevé et manifesté les prétentions les plus révoltantes.

Ici, se présentent trois principales réflexions à faire sur leur projet bien connu de rouvrir le gouffre des révolutions, et de détruire tout à la fois et l'autel et le trône:

PREMIÈRE RÉFLEXION.

Nos frères, dans leur tentative destructive, se sont-ils promis de maîtriser, à leur gré, tous les événemens?

L'expérience fut, dans tous les temps, la leçon et le guide des hommes sages; elle ne sera donc rien pour eux?

Lorsque leurs prédécesseurs se sont affranchis du serment de fidélité, lorsqu'ils ont audacieusement levé l'étendard de la révolte contre l'autorité légitime, ont-ils prévu tout ce que la fatalité du sort leur préparait?

Ont-ils prévu que la fortune publique et particulière serait dévorée?

Ont-ils prévu, quand ils faisaient croire qu'ils travaillaient au bonheur du peuple, qu'un jour ils le feraient gémir sous le poids d'une masse énorme d'impositions variées à l'infini?

Lorsqu'ils nous ont traités comme Caïn a traité son frère Abel, ont-ils prévu qu'ils enverraient certains d'entre eux à l'échafaud, après les avoir traînés dans la boue?

Ont-ils prévu que leur certaine république, pour l'établissement de laquelle ils ont tant fait d'efforts, république qu'ils s'étaient plu de qualifier du nom de *république.... une... indivisible.... et impérissable.....* ont-ils prévu qu'elle périrait néanmoins, peu de temps après sa création , d'une manière si honteuse pour eux ?

Ont-ils prévu qu'un vaillant guerrier, sorti de la tête des armées, viendrait, contre toute attente, faire tomber de leurs mains ce sceptre fumant encore du sang de leur royale victime?

Ce fameux guerrier, lui-même, parvenu au faîte des grandeurs, a-t-il prévu qu'après être monté par deux fois sur un trône par lui usurpé, et auquel il était trop étranger, a-t-il prévu qu'il serait forcé d'en descendre? A-t-il prévu que, successivement, il serait repoussé sur deux différens rochers, au milieu des mers, et que, dans le dernier, il y terminerait, par une mort prématurée (accablé de regrets), une vie trop fameuse sous tant de rapports?

Quelle serait donc la sécurité de nos frères dans leur tentative d'anéantissement....? Dans la vaste carrière qu'ils ont tracée, et qu'ils parcourent aujourd'hui à pas de géans, n'ont-ils donc rien à craindre? Ne savent-ils pas qu'il arrive toujours ce que l'on n'attend pas?

Samson, le fier Samson, qui fut pourvu d'une force extraordinaire dont aucun homme n'a joui sur la terre, dans l'enceinte dans laquelle il vivait et se trouvait enfermé, embrasse les colonnes énormes qui soutenaient l'édifice..., il les ébranle....; l'édifice s'écroule, et il perd la vie sous les débris.

Nos frères, par une impulsion diabolique,

veulent, pour la seconde fois, ébranler et détruire les plus fermes colonnes de l'édifice
social, la religion et la monarchie, et ils ne
craignent pas d'être ensevelis sous les ruines.

SECONDE RÉFLEXION.

En détruisant la religion catholique, qui
est la religion de l'État, en y substituant l'a-
théisme, nos frères ne voient-ils pas qu'en dégra-
dant l'homme..., en le réduisant à la simple con-
dition des animaux....., en désolant les âmes
chrétiennes, ne voient-ils pas qu'eux-mêmes tra-
vaillent contre leurs plus grands intérêts...? La
conscience..., la crainte d'un Dieu vengeur...,
et d'une vie à venir, sont pour les âmes chrétiennes la règle de leurs actions; elles les arrê-
tent dans leur penchant au mal. Mais quel est
le frein capable d'arrêter l'homme qui ne voit
dans sa fin que le *néant*....? Quelle est la garantie contre les excès auxquels il voudrait se
livrer?

Naturellement il est porté à se satisfaire sans
réserve dans tous ses besoins de la vie, et à se
refuser à toutes les privations, en toute occa-
sion, sans aucune exception dans toutes ses
passions : sa doctrine est la doctrine des loups
dans les bois.

Quand il se dirigera vers nos frères, vers leurs
propriétés pour s'en emparer, vers leurs per-
sonnes et leurs familles pour les outrager, vou-

dront-ils l'arrêter par la crainte des peines que
la loi des hommes prononce contre les malfai-
teurs? mais cette loi peut-elle avoir sur l'homme
qui ne croit à rien, la même force que la loi
divine sur les âmes timorées? Celui qui se voit
condamné à mort, dira de même que le sui-
cide, qu'il est débarrassé d'une vie qui lui
était à charge, et qui n'était pour lui qu'un
pesant fardeau à supporter ; il dira qu'il faut
que si sa vie est courte, au moins faut-il qu'elle
soit bonne.

Ne voit-on pas tout le désordre et les maux
incalculables pour la société, par la présence
et les méfaits ou les crimes de ces hommes qui
ne craignent rien, et qui, sous ce rapport,
sont eux - mêmes tout ce qu'il y a de plus à
craindre ?

TROISÈME RÉFLEXION.

La religion catholique, apostolique et romaine, a été de tout temps la religion de nos
pères....; elle est la religion de l'État.....; elle
nous est garantie par la Charte et par la protec-
tion spéciale de nos rois, qui s'honorent de porter le nom de *Rois très-chrétiens* et de se dire les
Fils aînés de l'Église. Cette sainte religion est
pour nous le plus précieux don du ciel; elle
fait la consolation de l'homme sur la terre....
Elle a été constamment regardée comme le
principal fondement de l'édifice social, et la

plus forte garantie du repos et de la tranquillité publics, puisque c'est le défaut de religion
qui a porté nos frères à la révolte.

La monarchie existe depuis bien des siècles,
et l'auguste dynastie des Bourbons est en possession du trône de temps immémorial ; leur
existence et leur possession en garantissent la
durée, assurée de plus en plus par le vœu bien
prononcé des bons Français.

L'autel et le trône sont unis l'un à l'autre,
et ils sont d'autant plus forts que leur force
vient de leur union.

N'est-il pas bien étrange que nos frères, nos
propres frères, s'obstinent à conspirer contre ce
bel ordre de choses...? qu'après quarante ans de
troubles, d'agitation et d'effervescence, ils per-
sistent, avec plus de fureur que jamais, à détruire
tout à la fois notre sainte religion, la dynastie et
la monarchie ; qu'enfin, ils fassent tous leurs
efforts pour ramener sur nous tous les maux et
les malheurs d'une bien plus déplorable révolution, sans exemple et à jamais mémorable?

Combien il est affligeant de voir que des
pétitionnaires impies portent jusque dans le
sanctuaire des lois, le vœu révolutionnaire de
faire proscrire et détruire le petit nombre de
congrégations religieuses, qui ont échappé à
la dernière proscription imprudemment pro-
voquée !

Qu'il est douloureux de voir que la secte

impie que nous combattons, réunisse tant d'efforts pour faire disparaître de saints solitaires,
que toute la chrétienté réclame ; des ministres
du Dieu vivant, qui sont envoyés pour le soutien de notre sainte religion..., pour instruire
les fidèles..., pour les éclairer dans la pratique
de toutes les vertus..., pour leur faire observer
les préceptes et les maximes de notre saint
Evangile..., et enfin, pour le précieux avan-
tage de la propagation de la foi !

Mais la chambre a déjà fait justice contre
cette déplorable tentative, et il y a tout lieu
de croire que Son Exc. Mᵍʳ le garde des
sceaux, dans sa sagesse, rendra la même justice sur la partie qui lui a été renvoyée.

C'est déjà bien assez et déjà trop affligeant,
que le pouvoir lui-même se soit laissé intimi-
der au point de sortir de son caractère, dans
la concession trop pernicieuse des fatales ordonnances.... La Charte est par elle-même la
garantie la plus forte de notre sainte religion...
Cette sainte religion, de même que la monarchie et la dynastie, sont dans le vœu le mieux
prononcé des fidèles sujets du Roi, et il a été
promis que les portes de l'enfer ne prévau-
dront pas contre elle.

Vouloir prouver que ces ordonnances sont
le triomphe de l'athéisme sur la religion, ce
serait vouloir prouver l'évidence, surtout après
tout ce qui s'est passé au moment même de leur

promulgation, après ce qui a été remarqué à la suite, et à la vue de tout ce qui passe encore aujourd'hui.

Quel contraste entre les dispositions et les conséquences de ces ordonnances, et la conscience de notre bon Roi, qui a promis solennellement de donner à la religion tout ce qu'elle demande de sa sagesse et de sa justice.... ! de ce Fils aîné de l'Église, de ce père de la patrie, qui, tout récemment, s'est prosterné au pied des autels, dans la cathédrale de Metz, pour implorer les lumières du Saint-Esprit, à l'effet de procurer à son peuple tout le bien qui peut le plus contribuer à son bonheur !

Hélas ! le cri général des bons Français, fidèles à leur Dieu et à leur Roi, c'est de voir repousser bien au loin cette fatale révolution que nos frères ramènent avec tant de fureur..... ; c'est de repousser et détruire l'impiété, l'irréligion et l'athéisme qu'ils affichent avec tant d'audace, et que l'on a jusqu'ici trop favorisés ; c'est de voir rétablir notre sainte religion dans toute sa pureté et dans tout son éclat ; c'est enfin de lui voir rendre tout ce qu'elle a perdu. Tous ceux qui attaquent avec tant de rage notre sainte religion, ne l'attaquent que parce qu'ils ne la connaissent pas ; ils ne l'ont jamais approfondie ; peut-être n'en ont-ils pas saisi les premiers élémens : ce sont des aveugles qui veulent juger des couleurs ; leurs passions les tiennent toujours courbés vers la terre. Ils ne connaissent d'autre adoration que celle du veau d'or , et d'autre vœu que la rébellion et la soif du pouvoir…. Qu'ils lèvent les yeux au ciel, ils verront qu'il existe un Être Suprême !

Cœli enarrant gloriam Dei.

Cette vue, suivie d'une méditation profonde, ne peut manquer de leur inspirer la crainte de ce Dieu vengeur, et de les disposer à des regrets sur leur funeste aveuglement.

Initium sapientiæ timor Domini.

Les grands maux appellent les grands remèdes. On ne peut se dissimuler que le mal est porté à son dernier période.

Il est évident que c'est l'impiété et l'irréligion qui ont été le principe de notre fatale révolution ; c'est la même cause qui donne lieu à tout le désordre dont nous avons à nous plaindre aujourd'hui.

L'éducation de la jeunesse est une des premières dettes du Gouvernement ; elle est en même temps le premier devoir à remplir par les pères et mères envers leurs enfans…… ; et dans l'éducation, la première science à imprimer dans le cœur des élèves, c'est la science de la morale et de la religion.

Sans trop accuser l'éducation qui, depuis le commencement de la révolution, a été donnée dans les écoles publiques, on ne peut se dissimuler que les résultats n'en sont pas satisfaisans, surtout à la vue de cette génération fougueuse, séduite et séductrice, dont les moeurs, la conduite et la tenue attestent les vices de leur éducation.

Ah! c'est ici que se trouve surabondamment la justification de toutes les plaintes, de toutes les lamentations et de toutes les réclamations qui ont éclaté, de toute part, contre les mesures prises dans les fatales ordonnances.

N'est-il pas évident que, pour éloigner les maux et les malheurs dont nous sommes menacés, il est de nécessité de régénérer l'espèce humaine, c'est-à-dire, de corriger, dans les générations futures, les vices effrayans de la génération qui a passé ou qui passe.

Qui pouvait mieux remplir cet objet sacré d'intérêt public, que les saints solitaires que l'on a repoussés avec tant de rigueur de leurs établissemens?

C'était nosseigneurs les évêques qui les avaient appelés, c'était eux qui les dirigeaient et les surveillaient; pouvait-il y avoir une meilleure garantie pour leur établissement, et les devoirs qu'ils avaient à remplir? Ils formaient de bons ouvriers pour travailler la vigne du Seigneur, dont le nombre actuel n'est que trop réduit par l'âge ou la mort; et dans l'éducation religieuse et monarchique, ils préparaient des sujets fidèles au Roi, et de bons citoyens à la patrie, pour remplir dignement les différentes places auxquelles ils pourraient être appliqués.

Nous en appelons à nos propres frères eux-mêmes, s'ils peuvent être sans prévention et de bonne foi : ils ont tout vu , et ils ont été témoins de la préférence que les familles donnaient à ces pieux solitaires, pour l'éducation de leurs enfans, qui se portaient auprès d'eux en grande affluence ; ils ne pourront s'empêcher de leur rendre justice sur le succès dont ont été couronnés leurs travaux dans les grands intérêts de la religion et de la monarchie. Mais, sans qu'il soit besoin de recourir à leur témoignage, la rage qu'ils ont déployée à cet égard en fait foi.

O déplorable vicissitude humaine, qui nous laisse les plus grands regrets sur la perte douloureuse que la religion , les familles catholiques, et la monarchie elle-même ont faite....! notre cœur en est ulcéré.

L'espérance est le dernier sentiment qui meurt dans l'homme ; ainsi, quelqu'affreuse que soit la crise dans laquelle nous nous trouvons, à la suite de tant de fâcheux événemens, ne perdons pas courage. Il viendra un temps où le prestige de l'illusion cessera.....; la lumière succédera aux ténèbres.....; la vérité paraîtra dans tout son jour....; les fautes seront reconnues...., et les torts seront réparés.

C'est du désordre que doit naître le bon ordre. Y a-t-il jamais eu un plus grand désordre que celui dans lequel nous nous trouvons? il ne nous donne , quant à présent, d'autre perspective que celle des horreurs du passé.

Hélas ! dans ce passé dans lequel on fait tant d'efforts pour nous ramener , qu'y a-t-on vu ?

Peut-on oublier que nos premiers frères n'a-vaient été appelés par l'infortuné Roi-Martyr, que pour travailler , de concert avec lui , à procurer à ses sujets tout le bonheur dont il pouvait être capable?

Peut-on oublier que ces mandataires infidèles ont bravé la mission limitée qui leur avait été donnée par leurs commettans.....; qu'ils ont étouffé le cri de leur conscience....; qu'ils ont trahi leurs sermens....; qu'ils ont abusé de la bonté et de la bonne foi de cet infortuné Roi....; qu'ils ont jalousé son autorité suprême.....; qu'ils l'ont usurpée par la révolte la plus dé-plorable.....; qu'ils ont porté la barbarie et la scélératesse jusqu'à traîner cette royale et sacrée victime du trône à l'échafaud ?

Enfin , peut-on oublier qu'ils ont rougi la terre du sang d'innombrables victimes qu'ils ont immolées à leur rage.

Pour compléter l'œuvre , nos frères , dans leur tentative infernale , ont imité ce maudit jardinier qui ayant été chargé par son maître d'aller détruire des insectes qui dévoraient le plus beau des arbres de ses jardins , alla prendre sa hache , et coupa l'arbre dans sa racine.

C'est sur ce modèle que nos frères voudraient, pour la seconde fois, renverser les plus fortes colonnes de l'édifice social.... la religion et la monarchie, et changer la face de la France.

Voilà l'affreuse perspective que l'on nous présente aujourd'hui.

Eh quoi! serons-nous donc condamnés à être traînés de révolution en révolution, sans jamais finir?

La France, cette belle France, jadis si paisible dans sa morale et ses principes religieux.. ; cette belle France si glorieuse et si triomphante au dedans comme au dehors, serait donc assujettie au bizarre empire de la mode...., de ses fantasques variations....., et enfin du caprice de ceux qui les inventent.

Non, non, les bons Français ne mettent toute leur foi que dans ce qui, de sa nature, est stable, inamovible et irrévocable.

Eh! de quel droit nos frères voudraient-ils prendre sur eux de se constituer nos maîtres..., de nous imposer le joug?

De quel droit voudraient-ils faire prévaloir leur système perfide, non moins impie que désastreux, contre les vœux bien prononcés de tous les bons Français, de retrouver la paix, le repos et la tranquillité... ; de voir enfin fixer à jamais, sur des bases inébranlables, notre sainte religion, notre antique monarchie, et l'auguste dynastie qui nous gouverne?

Quel droit ont-ils plus que nous, eux de vouloir tout détruire....., et nous, de vouloir conserver ce bel ordre de choses dont la divine Providence nous a favorisés? Où est donc l'égalité qu'ils ont tant proclamée?

Nous sommes tous les enfans du même père : croit-on que notre bon Roi, père de la patrie, n'usera de son autorité que pour favoriser les méchans au préjudice des bons.... ; qu'il donnera la préférence à ceux de ses enfans qui ont renoncé leur Dieu, et qui se sont constitués en rébellion, sur ceux qui sont restés fidèles à leur Dieu et à leur Roi?

Non, non; ce bon Roi, père de la patrie, qui tient toute son autorité du Roi des Rois, et qui est pour les bons Français son image sur la terre, ne pourra pas voir lui-même, sans effroi, la crise affreuse dont nous sommes menacés. Dans sa sagesse et dans la plénitude de son pouvoir, il arrêtera, dans leur marche, ces fougueux novateurs..... Car enfin il est temps qu'ils renoncent à leur déplorable système d'innovation, dont nous n'avons que trop fait la fatale épreuve.... ; il est temps qu'ils cessent de braver l'objet limité et sacré de leur mission.... ; il est temps qu'ils cessent de vouloir dominer le pouvoir et tyranniser nos consciences.

Que notre bon Roi, Fils aîné de l'Église, accomplisse sa promesse royale, de donner à notre sainte religion tout ce qu'elle demande de sa sagesse, de sa piété et de son humanité, c'est-à-dire, tout ce qu'elle a perdu ; alors le bon ordre renaîtra, et la France sera sauvée.

Allons nous jeter au pied des autels, allons implorer notre divin Maître qui a opéré la rédemption du genre humain au prix de son sang ; allons lui adresser les prières les plus ferventes, à l'effet d'obtenir de sa divine miséricorde le prompt accomplissement de cette promesse royale, objet du premier vœu de tous les bons Français ; supplions ce divin Maître de soutenir et fortifier, dans le cœur de notre bon Roi, père de la patrie, les grandes dispositions qu'il n'a cessé de montrer, pour réaliser de son mieux le bonheur de son peuple par le soutien de sa religion.

Mettons donc toute notre confiance dans notre bon Roi, dans ce père de la patrie, qui s'honore du titre glorieux de Roi très-chrétien, et de Fils aîné de l'Église. ; dans ce Roi dont l'autorité suprême est une émanation de l'autorité divine.... ; enfin, dans ce Roi qui est notre Roi, par la grâce du Roi des Rois.

Ce père de la patrie n'a pu se dissimuler que tous nos maux, que tous nos malheurs, et que tous les désordres sur lesquels nous gémissons encore aujourd'hui, n'ont pris leur naissance que dans l'impiété et l'irréligion...., et il veut que la piété et la religion les réparent.

Sa parole royale et sacrée, de donner à notre sainte religion tout ce qu'elle demande de sa sagesse, de sa justice et de son humanité..... ;

cette promesse ratifiée, et confirmée solennellement au pied des autels, dans la cathédrale de Metz, en présence du respectable apôtre de cette église...., sera accomplie.

Ce bon Roi, ce père de la patrie, ne veut pas que ce soit en vain que son auguste frère..... (dont la perte fera à jamais couler nos larmes...) ait prononcé, en remontant sur son trône, dans la loi fondamentale qu'il a donnée à son peuple, que

La religion catholique, apostolique et romaine, est la religion de l'État.

Ce père de la patrie trouvera dans le fond de son cœur, et dans sa toute-puissance, avec le secours de la divine Providence, tous les moyens salutaires de rétablir le bon ordre, le repos et la tranquillité publics ; en conséquence, de faire rentrer dans leur devoir, et de faire remettre dans la bonne voie, ceux qui s'en sont écartés.... ; il voudra que sa justice succède à sa clémence.

Il voudra mettre à profit cette sublime leçon donnée par un de ses plus augustes prédécesseurs, le saint roi Charlemagne, à son fils, lorsqu'il voulut l'associer au trône.

« Mon fils, lui dit-il, honorez les évêques
» comme vos pères ; aimez vos peuples comme
» vos enfans.

» *A l'égard des méchans et des mutins, con-*
» *traignez-les par la force à rentrer dans le*
» *devoir.*

» Choisissez des juges et des gouverneurs
» que la crainte de Dieu rende incapables de
» se laisser corrompre.

» Et vous-même, rendez-vous irréprocha-
» ble devant Dieu et devant les hommes. »

Ce père de la patrie, qui a plus que jamais
les yeux fixés vers le ciel...., qui a toujours
joint l'exemple au précepte, ce bon Roi a
gravé dans son cœur, et il s'est approprié ces
divines paroles du saint Roi David :

» *Docebo iniquos vias tuas, et impii ad te
convertentur.* »

DELAGARDETTE-DESGIRAUX.

CLERMONT, IMPRIMERIE DE THIBAUD-LANDRIOT,
IMPRIMEUR DU ROI.